AF343045

RÉGIME DES CONCESSIONS

EN ANNAM

ARRÊTÉ DU 7 JANVIER 1928

DE

Monsieur le Résident Supérieur en Annam

Approuvé par Monsieur le Gouverneur Général

de l'Indochine

Le 28 Janvier 1928

HUÉ

IMPRIMERIE DAC-LAP

BUI-HUY-TIN & Cie

Éditeurs

RÉGIME DES CONCESSIONS

EN ANNAM

Le Résident Supérieur en Annam Chevalier de la Légion d'Honneur,

Vu le décret du 20 Octobre 1911 fixant les pouvoirs du Gouverneur de la Cochinchine et des Résidents Supérieurs en Indochine ;

Vu l'arrêté du 15 janvier 1903 portant réorganisation du domaine en Indochine,

Vu l'arrêté du 28 avril 1899 sur les concessions domaniales en faveur de Français en Annam ;

Vu l'arrêté du 19 Septembre 1926 fixant le régime général des concessions des terrains ruraux en Indochine :

Le Conseil de Protectorat entendu,

ARRÊTE :

TITRE I

Dispositions générales

A. -- *Des concessions et des concessionnaires*

ARTICLE PREMIER

Des concessions de terrains incultes appartenant au domaine annamite libre, au domaine local, ou pouvant former la propriété inculte de collectivités appartenant aux peuplades des Hautes Régions, situés hors des centres urbains, pourront être accordées en Annam aux citoyens, sujets et protégés français qui en feront la demande dans le but de créer des exploitations agricoles, industrielles ou commerciales.

Les dispositions du présent arrêté ne sont pas applicables aux sujets de l'Empereur d'Annam.

ARTICLE 2

Tout demandeur de concession doit être majeur.

ARTICLE 3

Peuvent être également concessionnaires de terrains les sociétés régulièrement constituées sous le régime de la loi française et dont le capital est formé en majorité par des capitaux français.

Les sociétés doivent avoir leur siège social en France, ou dans les colonies françaises ou pays de protectorat. Le Président du Conseil d'administration et la majorité des administrateurs doivent être statutairement et effectivement nationaux, sujets ou protégés français.

En cas de violation des prescriptions ci-dessus, la déchéance de la concession peut être prononcée, dans le délai de six mois qui suivra une mise en demeure préalable, et sa mise en adjudication poursuivie par voie administrative.

L'adjudicataire éventuel est tenu à rembourser les impenses fixées à dire d'experts, préalablement à l'adjudication.

L'expert sera désigné par l'administration, d'accord avec le concessionnaire déchu, ou, subsidiairement, il sera procédé à la désignation, par arrêté du Résident Supérieur, d'une commission de 3 experts où la société aura obligatoirement un représentant.

Si aucun adjudicataire ne se présente, il sera procédé à une nouvelle adjudication dans le délai de six mois. Faute, à nouveau, d'adjudicataire, l'administration pourra traiter par marché de gré à gré ou prononcer le retour au domaine moyennant, toutefois, remboursement du quart des impenses faites.

Article 4

Sauf dispositions contraires inscrites dans le cahier des charges ou les actes de concession, les concessions de terrains situés hors des centres urbains comprennent le sol et le sous-sol, à l'exception toutefois des gisements miniers en place dont l'appropriation demeure réglée par une législation particulière, des sources d'eaux minérales, des haldes et scories provenant du traitement de minerais, des restes fossiles d'animaux ou de végétaux, des ossements et de l'outillage de l'homme préhistorique, des trésors et de tous objets ou constructions visés par la réglementation sur les objets ou monuments historiques.

Sous la même réserve, la concession ne comporte aucun droit de propriété sur les cours d'eau et les voies, classées ou non, qui traversent ou bordent les terrains séfinis dans l'acte de concession.

Le concessionnaire est soumis à toutes les dispositions des actes réglementant les régimes forestier et hydraulique et de la chasse en Annam, et est tenu à observer les lois et coutumes concernant le respect des tombeaux, des pagodes et édifices du culte, de quelque nature qu'ils soient.

Les rivages de la mer sont réservés jusqu'à 81 mètres (50 pas géométriques) à partir de la limite des plus hautes marées. Toute dérogation à cette dernière clause doit être soumise à l'avis de l'autorité militaire.

Les rives des fleuves et rivières navigables et flottables et les terrains en bordure des voies ferrées sont également réservés sur une largeur de 25 mètres. Les dérogations doivent être autorisées par le Résident Supérieur, après avis du Service des Travaux-Publics ou du Service du chemin de fer.

De plus, l'administration se réserve le droit d'imposer toutes dispositions qu'elle jugera utiles à l'effet d'assurer la protection des sites touristiques.

ARTICLE 5

La concession des terrains sis hors des centres urbains est faite d'abord à titre provisoire, puis à titre définitif sous réserve expresse des droits des tiers, aux risques et périls du concessionnaire et sans garantie d'aucune sorte de l'administration.

Tant que la concession des terrains n'est pas devenue définitive, leur détenteur est considéré comme jouissant à titre provisoire. Il ne peut mettre en vente, hypothéquer, louer ou sous-louer, ni affecter de droits réels ces terrains sans autorisation de l'administration, même en se servant de la clause de style « ses droits quels qu'ils soient ».

Cette autorisation est accordée par l'autorité concédante et ne comporte aucun engagement, de la part de l'Administration, de consolider définitivement la propriété provisoire, objet de ces tractations.

ARTICLE 6

L'Administration se réserve, en outre, le droit de reprendre à toute époque les terrains concédés qui seraient nécessaires au service de l'Etat ou de la Colonie et à l'exécution des Travaux-Publics.

La reprise a lieu aux conditions suivantes:

1· **Si les terrains ne sont pas mis en valeur, moyennant la restitution de la partie du prix afférente à la superficie reprise ou, s'ils sont loués à bail moyennant diminution proportionnelle, au marc le franc. du montant du loyer.**

2 **S'il s'agit de terrains bâtis ou mis en valeur, moyennant une indemnité à fixer à l'amiable avec le concessionnaire ; en cas de désaccord, il est statué par le tribunal compétent ; l'expertise est obligatoire si elle est demandée par l'une des parties, et il y est procédé dans les formes prévues par les articles 302 et suivants du Code de procédure civile.**

ARTICLE 7

Aucun concessionnaire ne peut détenir à titre provisoire plus de 15. 000 hectares de terrains. Ces terrains ne peuvent être groupés en une seule concession, d'un seul tenant ou en parcelles voisines, pour une superficie supérieure à 6. 000 hectares.

Sauf impossibilité dûment constatée, les terrains concédés ne peuvent avoir, sur les voies de communication existantes. cours d'eau navigables ou flottables, canaux, chemins de fer et routes, ainsi qu'en bordure de la mer, des lagunes et des lacs, un développement supérieur au quart de leur périmètre total sur les voies et nappes d'eau qui les bordent et au **sixième** de ce périmètre sur celles qui les traversent.

ARTICLE 8

Les personnes qui désirent prospecter un terrain doivent en faire la déclaration préalable à la Résidence, en indiquant la région approximative où se fera la prospection. Il est formellement interdit aux prospecteurs de porter atteinte aux droits des habitants ou d'opérer des dégradations aux cultures et aux édifices, sous peine des réparations de droit.

En cas de difficultés avec les habitants le Résident peut interdire la continuation de la prospection.

Les opérations de prospection comprennent le droit de prélever des échantillons du terrain, de faire son relevé, de mesurer la profondeur des couches, et d'effectuer toutes autres opérations analogues, à l'exclusion de toute exploitation, commencement d'exploitation ou essais de culture.

ARTICLE 9

L'Administration peut faire lever d'office et lotir des terrains. Il est procédé à ce lotissement éventuel, pour les terres faisant partie du domaine annamite, d'accord avec le Gouvernement Annamite qui désigne un ou plusieurs délégués pour assister aux opérations de lotissement.

Les listes et plans des terrains ainsi levés et lotis sont déposés dans les bureaux de la Résidence intéressée, de la Résidence Supérieure, des Chambres Mixtes et du Chef des Services Agricoles de l'Annam, et tenus à la disposition du public.

B. -- *Formes et instruction de la demande*

ARTICLE 10

Les demandes de concession en propriété ou à bail doivent être adressées, en même temps, au Chef de la province dans laquelle sont situés les terrains demandés, et au Résident Supérieur en Annam.

Les demandes portant sur des superficies égales ou supérieures à 1,000 hectares doivent également être adressées au Gouverneur Général.

Toutes ces demandes doivent être rédigées sur papier timbré.

ARTICLE 11

Les demandes visées à l'article précédent doivent énoncer :

1· — Les nom, prénoms, qualité, lieu et date de naissance, nationalité et domicile ordinaire du demandeur ou, s'il s'agit d'une société, sa dénomination et son siège social, le domicile élu conformément à l'article 12 du présent arrêté.

2· — L'objet précis de l'entreprise pour la création de laquelle la concession est demandée, et la nature des cultures projetées, s'il s'agit d'une exploitation agricole.

3· — Les limites des terrains demandés, leur situation exacte et leur contenance ou, éventuellement, le numéro du lot sous lequel il figure dans un lotissement établi par les soins de l'Administration.

4· — Tous renseignements utiles sur les moyens financiers dont il dispose et sur ceux qui, éventuellement, seront mis en œuvre.

5· — En cas de bail, les noms des ayants-droit de la propriété collective des terrains.

Les demandes doivent être accompagnées :

a) d'un plan de la surface, dressé à l'échelle de 1/10.000 et en quadruple exemplaire, qui devra être orienté au Nord vrai et rattaché à quelques points fixes remarquables de la région ;

b) de toutes pièces justificatives de la nationalité. Les sociétés doivent joindre leurs statuts et copie du procès-verbal de l'assemblée générale nommant les administrateurs ;

c) de toutes pièces annexes justifiant de la capacité financière ;

d) éventuellement, de la procuration désignant un mandataire ;

e) d'une déclaration établissant l'étendue des terrains domaniaux, ou donnés à bail par des collectivités appartenant aux peuplades de la haute région, dont le demandeur serait actuellement concessionnaire, à titre provisoire, en Indochine.

ARTICLE 12

Tout demandeur de terrains situés hors des centres urbains doit, en outre, faire élection de domicile, soit au chef-lieu de la province sur le territoire de laquelle sont situés les terrains demandés, soit au siège de l'Administration locale.

Toutes notifications administratives sont valablement faites à ce domicile élu.

Tout changement de domicile élu doit faire l'objet d'une déclaration au chef de la province qui en avise immédiatement le Résident Supérieur. Le nouveau domicile élu devient effectif à partir de la date de l'accusé de réception délivré par le Résident intéressé.

ARTICLE 13

Les Résidents délivrent dans les 8 jours un accusé de réception de la demande, si elle satisfait de façon précise à toutes les obligations visées aux articles 10, 11 et 12.

Dans le cas contraire, les demandes sont renvoyées aux intéressés pour être rectifiées ou complétées. Il en est rendu compte au Résident Supérieur.

Les demandes déclarées recevables sont inscrites sur un registre spécial et public tenu au Chef-lieu de province et au siège de l'Administration locale.

Cette inscription mentionne :

1· — la date de réception de la demande à la Résidence (ou à la Résidence Supérieure);

2· — les limites, la situation et la contenance du terrain ;

3· — les noms, prénoms, domicile réel et élu des demandeurs.

Le registre de l'Administration locale est tenu par province.

Cette inscription n'entraîne aucune obligation, pour l'administration, de concéder les terrains demandés.

ARTICLE 14

Sauf application de l'article 35, il n'existe, en matière de demandes de concession, aucun droit de préférence ni de priorité.

Toute demande inscrite, dont le dossier n'aura pas été complété, comme il est prescrit à l'article précédent, dans un délai maximum de trois mois, sauf cas de force

majeure reconnue, à compter du jour où le demandeur
aura été mis en demeure de le faire, sera considérée
comme nulle et non avenue et rayée du registre des
demandes de concession.

ARTICLE 15

Toute demande de concession, quel qu'en puisse être
le moment d'attribution, doit faire l'objet, dans le plus
bref délai et par les soins du Résident de la province,
d'une enquête préalable de domanialité ayant pour
objet de reconnaître si le terrain demandé est bien
domanial et libre de toute occupation, totale ou parti-
elle, ou forme bien la propriété inculte de collectivités
appartenant aux peuplades des Hautes Régions.

Au cas où le terrain serait reconnu non domanial
ou occupé, rectification ou radiation pure et simple
sera opérée sur le registre des demandes de concession
et la demande renvoyée à son auteur avec motif du rejet

A la suite de cette enquête préalable, le dossier de
la demande est transmis au Résident Supérieur, pour
toutes les concessions, sauf celles à titre gratuit, égales
ou inférieures à 10 hectares, qui sont accordées directement par le Résident de la province.

ARTICLE 16

L'agrément de la demande de concession est accordé
par le Résident Supérieur après examen du dossier.
Notification en est faite à l'administrateur Résident. Au
cas de non agrément, la demande doit être renvoyée à
son auteur, après radiation du registre des demandes
de concession.

La demande agréée est rendue publique par insertion
au plus prochain « Bulletin Administratif » et par l'apposition pendant deux mois, d'affiches en français et en
quoc-ngu ou en dialecte indigène,

1· — au chef-lieu de la province dans laquelle est
située la concession,

2· — à la Résidence Supérieure,

Une copie de la demande est, le cas échéant, immédiatement envoyée aux autorités indigènes qui, dans

les dix jours qui suivront cette communication, feront procéder, le cas échéant, à l'affichage d'une traduction en caractères à la citadelle et dans chaque commune sur le territoire desquelles les terrains sollicités sont situés.

La demande est insérée, dans le mois qui suit son dépôt au « Journal Officiel de l'Indochine », aux frais des intéressés.

Le demandeur adresse à l'Administration, dans un délai de deux mois un exemplaire légalisé du numéro ou l'insertion a été faite, par ses soins.

ARTICLE 17

Dans le mois qui suit l'avis que sa demande a été agréée, le demandeur doit procéder, par ses soins et à ses frais, à l'abornement des terrains demandés, dans les conditions suivantes :

a) Si le terrain est découvert par des bornes en pierre ou en bois, des arbres entaillés et ceinturés, ou des levées de terre disposées de façon à constituer un jalonnement visible ;

b) Si le terrain est boisé, par un layon de deux mètres de large dans lequel seront placés les bornes comme ci-dessus.

Tout abornement nécessitant des travaux de défrichement doit être précédé d'une déclaration au Résident de la province qui en avise le service forestier et les autorités indigènes.

Si le demandeur n'a pas procédé à cette opération dans le délai sus indiqué, une mise en demeure lui sera adressée par le Résident de la province qui ouvrira un nouveau et dernier délai d'un mois à l'expiration duquel la demande sera considérée comme nulle et de nul effet si le demandeur n'a pas achevé l'abornement, sauf le cas de force majeure reconnue.

ARTICLE 18

A l'expiration du délai d'affichage l'abornement des terrains ayant été effectué par le demandeur, il est procédé à une enquête définitive de domanialité, par les soins du Résident de la province, en présence du demandeur ou le demandeur dûment convoqué, du géomètre ou, à défaut, du fonctionnaire chargé de la vérification du plan, des autorités indigènes, des opposants ou des occupants et, s'il y a lieu, des habitants voisins des terrains.

Toutes les oppositions déposées et inscrites jusqu'à l'expiration du délai d'affichage et toutes réclamations écrites ou orales formulées sur les lieux seront instruites; les limites, lés bornes et les enclaves portées au plan des terrains seront vérifiées et modifiées, s'il y a lieu. Aucune opposition déclarée après l'expiration du délai d'affichage et la fin de l'enquête de domanialité ne sera valable.

ARTICLE 19

Le projet de cahier des charges qui doit obligatoirement accompagner toute adjudication publique et tout marché de gré à gré est préparé par le Résident de la province, assisté par une commission, dite «Commission provinciale des concessions», composée comme suit :

Le Résident de la province . . . . *Président*

Un fonctionnaire de l'agriculture . . . . . . *Membre*

Un fonctionnaire des Forêts . . . . id

Un fonctionnaire des Travaux publics ou
                du Cadastre . . . . . id

Un colon français . . . . id

Un représentant des autorités indigènes
              de la situation des terrains . . . id

Cette commission délibère valablement quand trois seulement de ces membres, en plus du Président, sont présents, pour les concessions supérieures à 300 hectares, et deux membres seulement pour les concessions égales ou inférieures à 300 hectares. Elle propose les clauses et conditions du cahier des charges ainsi qu'un prix de base des terrains pour l'adjudication ou le marché.

Elle peut être consultée par le Résident Supérieur sur toutes questions relatives à la colonisation agricole dans la province.

Elle constitue la commission de constat prévue à l'article 54 pour la constatation de la mise en valeur des terrains; mais, dans ce cas, la présence du fonctionnaire de l'agriculture est obligatoire pour toutes les concessions d'une étendue supérieure à 300 hectares.

ARTICLE 20

Le demandeur, informé par l'administrateur Résident de la province, des conclusions de la commission d'enquête administrative, doit, s'il les accepte, compléter le dossier de sa demande par : un plan définitif du terrain, dressé à ses frais avec procès-verbal de reconnaissance et d'abornement conformes aux règlements locaux, pour toute demande portant sur des terrains situés dans un village non cadastré.

ARTICLE 21

La demande, dont le dossier n'aura pas été complété comme il est prescrit à l'article précédent, dans un délai maximum de trois mois, à compter du jour où le demandeur aura été mise en demeur de le faire, sera considérée comme nulle et non avenue et son inscription rayée au registre des demandes de concession. Le demandeur sera ainsi déchu de tous bénéfices et avantages attachés à sa demande et, en particulier, du privilège de surenchère prévu à l'article 12, paragraphe 3 de l'arrêté du 19 Septembre 1926.

ARTICLE 22

Le dossier complet de la demande est transmis au Résident Supérieur, en vue de la décision à prendre. Pour être définitivement constitué, il doit comprendre les pièces suivantes, en tout ou en partie, selon l'importance de la superficie et mode de concession demandé :

1. — Demande sur papier timbré

2. — Croquis figuratif

3. — Pièces justificatives et renseignements requis aux termes de l'article 8 de l'arrêté du 19 Septembre 1926 et l'article 1er du présent arrêté ;

4· Déclaration d'identité, de capacité et de nationalité, ou statuts de la société demanderesse, avec la composition de son conseil d'administration ;

5· Quittance constatant le versement des frais d'enquête administrative ;

6· Procuration désignant le mandataire ;

7· Plan régulier du terrain, en quatre expéditions, et procès-verbal de reconnaissance et d'abornement ;

8· Etat des frais exposés par le demandeur ;

9· Soumission préalable ;

10· Exemplaire de l'affiche et procès-verbal d'apposition.

11· Rapport de la commission d'enquête préalable ;

12· Protestations et réclamations de toute nature émanant des tiers ;

13· Procès-verbal de la commission d'enquête administrative de domanialité ;

14· Projet de cahier des charges ou de contrat de gré à gré ;

15· Rapport de présentation motivé du Résident de la province.

Pour les terrains lotis ou situés dans les villages cadastrés, le plan et le procès-verbal de reconnaissance et d'abornement ainsi que le procès-verbal de la commission d'enquête administrative peuvent être, suivant les cas, remplacés par une copie du plan parcellaire et par un extrait du procès-verbal de la commission de bornage ou de lotissement.

ARTICLE 23

Le Résident Supérieur statue sur les oppositions reçues et juge, après avis du Comât, s'il y a lieu, de l'opportunité de l'octroi de la concession des terrains demandés ; il détermine l'étendue des terrains à concéder ; il fixe, conformément aux dispositions de l'article 30, le prix qui servira de base à l'adjudication ou au marché et fait préparer un cahier des charges.

Ce cahier des charges est établi conformément aux modèles I et II annexés au présent arrêté.

Si le Résident Supérieur estime que la demande est régulière et ne soulève pas, le cas échéant, d'objections de la part du Comât, le dossier complet, avec le projet de cahier des charges signé de l'intéressé, est communiqué, pour avis, au Conseil de Protectorat.

En cas d'acceptation, ce dossier est adressé à l'autorité concédante.

En cas de refus d'octroi, le demandeur est avisé, par lettre recommandée, du rejet de sa demande.

TITRE II

Concessions à titre gratuit

ARTICLE 24

Les terrains visés à l'article 1er du présent arrêté sont en principe concédés à titre onéreux.

Toutefois des concessions gratuites peuvent être attribuées par le Résident Supérieur dans la limite maxima de 300 hectares pour un même concessionnaire, et aux conditions fixées par les articles ci après

Deux ou plusieurs membres de la même famille, parents au 3e degré inclusivement, ou époux, ne peuvent solliciter de concessions gratuites tant que la première concession gratuite n'est pas accordée à titre définitif.

Cette restriction ne vaut que pour des terrains qui seraient situés dans une même province ou dans des provinces limitrophes.

ARTICLE 25

La forme des demandes en concession gratuite est la même que celle fixée pour les autres demandes de concession.

L'instruction de la demande a lieu conformément à la procédure ordinaire.

Il n'y a ni cautionnement, ni cahier des charges.

ARTICLE 26

Les titulaires d'une concession provisoire gratuite sont soumis aux mêmes obligations de mise en valeur qui sont imposées par le Titre V du présent arrêté.

Ils sont tenus également à solliciter l'autorisation administrative pour toute substitution de personne ou de société, ainsi que pour tout transfert de droits relatifs aux terrains en état de concession provisoire.

En aucun cas, une concession provisoire accordée gratuitement ne peut être cédée à un particulier déjà bénéficiaire d'une concession provisoire gratuite.

ARTICLE 27

Outre le cas de lotissement de terrains domaniaux en vue de leur aliénation, des réserves foncières peuvent être constituées à l'effet de rendre incessibles certaines surfaces dont la conservation paraîtrait nécessaire pour satisfaire aux besoins ultérieurs de l'administration ou de la population.

La mise en réserve, au profit d'un service administratif d'un terrain quelconque, est soumise à la même enquête, et dans les mêmes délais, que les demandes de concession. La mise à la disposition du dit service est prononcée après intervention de l'arrêté incorporant le terrain au domaine local.

TITRE III

De l'octroi des concessions à titre onéreux

10 — Des cahiers des charges

ARTICLE 28

Les prix de vente minima des terrains seront fixés par arrêtés du Résident Supérieur approuvés par le Gouverneur Général. Ces prix seront fixés par province, d'après la catégorie et la situation des terrains.

Les terrains visés à l'article 1er peuvent être concédés sur l'offre de l'administration ou à la demande des particuliers, soit par adjudication publique, soit par marché de gré à gré.

L'adjudication publique est de règle, sauf dans les cas prévus à l'article suivant.

ARTICLE 29

Par dérogation à l'article précédent, des marchés de gré à gré peuvent être passés :

1· — Par le Résident Supérieur, à la condition que la superficie totale des terrains déjà concédés ou demandés soit inférieure à mille hectares (1000 ha) pour un même concessionnaire ;

2· — Par le Gouverneur Général, pour les terrains d'une superficie égale ou supérieure à mille hectares (1000 ha) et exclusivement en vue de la création d'entreprises présentant un caractère exceptionnel à raison de la nature des cultures ou de l'importance des travaux de mise en valeur.

ARTICLE 30

Le Résident Supérieur est assisté au chef-lieu d'une commission, dite "Commission locale des concessions" composée comme suit :

Le Résident Supérieur ou son délégué .....*Président*

L'Ingénieur chef de la circonscription territoriale des Travaux Publics. . . . . *Membre*

Le Chef des Services Agricoles . . . . , ... *id*

Le Chef du Service Forestier . . . . *id*

Le Chef du Bureau chargé des concessions . . . *id*

Un délégué des Chambres mixtes de commerce et d'agriculture d'Annam . . . . *id*

Cette commission donne son avis sur la réglementation des concessions, sur les projets de mise en valeur et la mise à prix des terrains du domaine, ainsi que sur les dossiers de concessions qui lui sont soumis éventuellement par le Résident Supérieur.

ARTICLE 31

Après accomplissement des formalités visées aux articles 15 et suivants, il est passé approbation du cahier des charges.

1· par le Résident Supérieur, en Conseil de Protectorat pour les superficies inférieures à mille hectares (1000ha)

2· par le Gouverneur Général en Conseil de Gouvernement dans tous les autres cas.

ARTICLE 32

Les cahiers des charges d'adjudication, les contrats de location et de vente de gré à gré de terrains domaniaux sont préparés, conformément aux modèles annexés au présent arrêté.

Ces cahiers des charges et projets de contrats doivent contenir toutes les réserves prévues aux modèles et toutes autres qui seraient reconnues nécessaires à la garantie de l'ordre public, des droits du domaine ou des tiers.

Ils énoncent expressément en faveur du premier demandeur, en cas de décision favorable du Résident Supérieur, la réserve de surenchère du vingtième prévue par l'article 35 du présent arrêté.

Ils fixent la mise à prix des adjudications, le prix de vente ou de location des terrains, dans les conditions de l'article 35 ci-dessous.

ARTICLE 33

Les projets de cahiers des charges et de contrats sont soumis à l'examen du service de l'agriculture et du service des Forêts.

Ces services sont également consultés pour l'application des sanctions prévues par les cahiers des charges.

2· — Particularités en cas d'adjudication

ARTICLE 34

Dans tous les cas où il doit être procédé à un lotissement, le Résident Supérieur fait connaître, par voie d'insertion au "Journal officiel de l'Indochine" et par voie d'affichage à la Résidence Supérieure, les périmètres dans lesquels seront assis les lotissements.

Il fait ensuite, à l'expiration d'un délai d'un mois à dater de l'affichage à la Résidence Supérieure, procéder à l'enquête sur la situation juridique des terrains à lotir, dans les conditions des dispositions prévues au Titre II du présent arrêté.

Les lots à concéder sont ensuite déterminés par les soins de l'administration locale, après règlement des oppositions. Le ou les prix de l'adjudication sont fixés conformément aux stipulations de l'article 30, et il est préparé un cahier des charges sur le modèle du type n° 1 annexé au présent arrêté.

Hors le cas de lotissement, lorsqu'une adjudication publique porte limitativement sur les terrains ayant fait l'objet de la première demande inscrite et que l'auteur de cette demande, après avoir participé aux enchères, n'a pas été déclaré adjudicataire, celui-ci est admis seul à se faire adjuger les terrains moyennant une surenchère d'un vingtième sur le prix le plus élevé offert. Le privilège de surenchère doit être reconnu par le Chef d'administration locale et publié avec l'avis de mise en adjudication des terrains. La surenchère doit être faite dans la quinzaine qui suit le jour de l'adjudication.

ARTICLE 36

Dès l'approbation du cahier des charges, l'adjudication est annoncée, au moins trente jours à l'avance, par un avis d'adjudication affiché aux bureaux de la Résidence, des mandarins provinciaux et de la Résidence Supérieure, et inséré dans le "Bulletin Administratif" de l'Annam.

En cas de lotissement, l'adjudication est annoncée au moins deux mois à l'avance, et l'insertion est faite également au "Journal Officiel de l'Indochine".

Pour les concessions de mille hectares (1000 ha) et plus, l'avis d'adjudication est en outre inséré dans deux journaux l'un de Cochinchine, l'autre du Tonkin, et communiqué aux chambres d'agriculture de l'Indochine.

Cet avis énonce :

1· la date et le lieu d'adjudication.

2· le délai dans lequel doivent être déposées les demandes d'autorisation à concourir à la vente ;

3· le montant du cautionnement fixé dans les conditions de l'article 37 du présent arrêté.

ARTICLE 37

Pour être admis à participer à une adjudication ou à devenir le bénéficiaire d'un marché de gré à gré, le demandeur doit justifier du versement entre les mains d'un comptable du trésor, d'un cautionnement calculé à raison de la moitié du prix de base des terrains.

En cas d'adjudication, le montant du cautionnement fixé par le cahier des charges est publié par l'avis de l'adjudication.

En cas de marché de gré à gré, le montant du cautionnement est porté à la connaissance du demandeur au moment où le dossier est en état.

Par exception, les acquéreurs visés à l'article 49 ne sont tenus qu'à un cautionnement égal au cinquième ou au dixième de la valeur des terrains, et qui constituera la première annuité.

Sauf l'exception prévue au paragraphe précédent, le cautionnement ne se compense pas avec le paiement du prix et n'est restitué qu'au moment où les obligations de l'acquéreur, au regard du paiement du prix et de ses accessoires, sont intégralement remplies.

En matière de location, le cautionnement est de cinq fois la valeur du loyer annuel et est restitué en fin de bail.

Le cautionnement est restitué aux demandeurs évincés.

ARTICLE 38

Toute personne autre que les demandeurs déjà inscrits désirant participer à une adjudication de terrains domaniaux doit adresser au Résident pour les concessions d'étendue inférieure ou égale à trois cents hectares (300ha) au Résident Supérieur pour les terrains plus étendus, une demande d'autorisation de participer à l'adjudication. A cette demande doivent être jointes toutes les pièces requises, aux termes des articles 11 et 12 du présent arrêté, pour la demande de concession, sauf le plan prévu par l'article II paragraphe 5 a).

Il est répondu dans le plus bref délai, à ces demandes, et il est donné indication de la surface maxima pour laquelle l'intéressé est apte à concourir.

Les demandeurs agréés, y compris le premier demandeur, doivent déposer, avant la séance d'adjudication, à la Caisse d'un comptable du Trésor, le cautionnement exigé dans l'avis d'adjudication.

Nul n'est admis à prendre part aux enchères s'il ne dépose sur le bureau de la commission d'adjudication, à l'ouverture de la séance, la lettre ou le certificat d'inscription l'autorisant à concourir ainsi que le récépissé de cautionnement ci-dessus indiqué.

Le cautionnement est restitué aux concurrents évincés, sur la production d'un certificat délivré, séance tenante, par le Président de la commission d'adjudition.

ARTICLE 39

Les adjudications de terrains ont lieu au chef-lieu de la province intéressée, devant une commission composée :

du Résident ou de son délégué. . . . . *Président*

du Payeur ou du Percepteur. . . . . . *membre*

d'un représentant des autorités indigènes . . . *id*

ARTICLE 40

Toute personne participant à l'adjudication pour le compte d'autrui, doit en faire la déclaration avant la clôture du procès-verbal.

Elle doit justifier :

1· d'une procuration dûment légalisée, qui est déposée sur le bureau après avoir été certifiée par le mandataire;

2· de la possession de toutes les pièces qui seraient exigées du mandant lui-même.

ARTICLE 41

L'adjudication a lieu aux enchères publiques, à l'extinction de trois feux. Les enchères portent sur le prix à l'hectare, et ne peuvent être inférieures au vingtième de la mise à prix. En cas d'enchères simultanées, trois feux sont allumés sur l'enchère précédente, pour permettre de nouvelles enchères. Est déclaré adjudicataire provisoire l'enchérisseur sur l'offre duquel trois bougies ont été allumées et se sont éteintes sans qu'il se soit produit de nouvelle enchère.

La commission dresse procès-verbal de ses opérations et mentionne tous les incidents de l'adjudication au sujet desquels elle fait connaître son avis. Ces incidents sont réglés séance tenante.

ARTICLE 42

Le procès-verbal de l'adjudication rédigé sur un registre spécial, constate les résultats de l'opération et en relate toutes les circonstances. Il est signé en séance par l'adjudicataire ou par son mandataire.

Ce procès-verbal et la soumission de l'adjudicataire qui, avec le cahier des charges, constituent le marché, sont transcrits par les soins de l'administration, à la suite du cahier des charges. La soumission ainsi transcrite est signée par l'adjudicataire ou son mandataire.

ARTICLE 43

Le marché tel qu'il est défini par l'article 42, est approuvé par le Résident Supérieur.

ARTICLE 44

Lorsque la faculté de surenchère du vingtième a été réservée par le cahier des charges au premier demandeur, celui-ci peut l'exercer, dans la limite de quinze jours francs à compter de l'adjudication, en remettant une offre écrite au Président de la commission d'adjudication. L'offre peut être faite par lettre recommandée ou par télégramme, confirmé ultérieurement par lettre recommandée. Toute offre reçue après le délai est nulle.

Le premier demandeur ne peut user de son droit de surenchère que si le procès-verbal de la séance d'adjudication mentionne qu'il a porté lui-même au moins une enchère, et s'il n'a pas retiré le cautionnement versé par lui pour être admis à concourir.

La surenchère du vingtième portée, dans les délais utiles, par le premier demandeur qualifié, ne donne pas lieu à ouverture de nouvelles enchères et le constitue de plein droit adjudicataire provisoire.

TITRE IV

Concession provisoire

ARTICLE 45

Le marché, approuvé dans les conditions de l'article 43, est notifié à l'intéressé et au Résident Chef de la province par les soins de l'administration locale.

La date de l'accusé de réception de ce cahier des charges adressé par le pétitionnaire au Résident Supérieur, marque le point de départ du délai de possession précaire. A partir de cette date, l'adjudicataire ou le bénéficiaire du marché de gré à gré peut prendre possession des terrains.

Toutefois, cette possession est précaire et il n'est déclaré concessionnaire provisoire qu'après intervention de l'acte qui prononce la concession provisoire.

Les délais de concession provisoire courent du jour de la publication de l'acte de concession provisoire au « Journal Officiel » de l'Indochine, pour les concesions à onéreux de plus de cinquante hectares (50 titre hectares) et, pour les autres, du jour de la remise du titre de concession.

ARTICLE 46

Dans les quinze jours de l'approbation de l'adjudication ou du marché, le bénéficiaire de l'un de ces actes doit en déposer huit copies sur timbre, accompagnées d'un plan des terrains, aux bureaux de la Résidence, Supérieure. Trois de ces copies sont adressées à l'Inspection Générale de l'Agriculture de l'Elevage et des Forêts pour toutes les concessions d'une étendue supérieures à 300 hectares. Les autres sont réparties entre les services suivants :

Archives de la Résidence Supérieure
Trésor
Domaine
Agriculture

ARTICLE 47

L'adjudicataire ou le bénéficiaire du marché de gré à gré est tenu de s'acquitter dans l'année qui suit l'attribution des terrains, de toutes les obligations inscrites dans le cahier des charges (modèles annexés et ayant trait, notamment, au versement des sommes venues à échéance et au paiement des frais exposés par l'administration, tels que frais de cadastrage, d'abornement, d'affichage etc...

Un tarif forfaitaire de ces différents frais peut être établi par arrêté postérieur du Résident Supérieur.

ARTICLE 48

S'il remplit la totalité des conditions proprement dites du marché dans le délai prévu, il est fait au bénéficiaire du cahier des charges concession des terrains à titre provisoire, en propriété ou à bail, par arrêté du Résident Supérieur.

Dans le cas contraire, l'administration, par décision du Résident Supérieur, annulant le marché ou l'adjudication, reprend possession des terrains, moyennant la restitution du prix déjà payé, déduction faite : 1° d'un dixième qui est retenu à titre de dommages et intérêts, 2° des frais engagés par l'administration et prévus à l'article 47.

En cas de location, il n'y a lieu à aucune restitution de loyers.

ARTICLE 49

Le Résident Supérieur a la faculté d'autoriser à titre exceptionnel l'adjudicataire ou le bénéficiaire d'un marché de gré à gré, sur sa demande, et lorsque la superficie totale des terrains qu'il a demandés ou déjà acquis en concession n'atteint pas mille hectares (1000 Ha) à acquitter le prix des terrains :

1· — Par cinquième, dans un délai de 5 ans, pour les concessions d'une superficie ne dépassant pas 500 hectares ;

2· — Par dixième, dans un délai de 10 ans, pour les concessions d'une superficie supérieure à 500 hectares et inférieure à 1000.

Dans les deux cas susvisés, et si ces conditions de paiement ont été acceptées par le Résident Supérieur, soit dans le cahier des charges, soit ultérieurement, l'intéressé peut être envoyé en concession provisoire, dès que l'accord est réalisé.

Faute de paiement aux échéances fixées, l'administration procède à la concession définitive des terrains mis en valeur, après paiement intégral du prix de ces terrains, plus un dixième à titre de dommages et intérêts. Les terrains non mis en valeur font retour au domaine.

ARTICLE 50

Le titulaire d'un acte de concession provisoire est dit concessionnaire provisoire. Il est propriétaire ou locataire à titre conditionnel et peut se substituer une personne ou une société réunissant les conditions prévues aux articles précédents.

Le nouveau concessionnaire est soumis aux mêmes obligations résultant des prescriptions du cahier des charges et des arrêtés organiques.

Toute substitution de personne ou de société, ainsi que tout transfert de droits relatifs aux terrains en état de concession provisoire, doivent être motivés et agréés par un arrêté de l'autorité concédante.

Lorsque cette substitution ou ce transfert intéresse des terrains qui sont payés par cinquième ou par dixième, comme il est prévu à l'article 49, l'agrément est subordonné au paiement préalable du prix total de ces terrains, chaque fois que le substitué se trouve avoir demandé ou avoir déjà acquis en concession, y compris les terrains substitués, plus de 1.000 hectares de terrains, payés par échéances de 5 ou de 10 ans.

ARTICLE 51

En cas de décès du concessionnaire au cours de la période de concession provisoire, ses héritiers lui sont substitués, de plein droit, par arrêté du Résident Supérieur, sur production de leurs titres.

Ils doivent s'ils ne sont pas présents, se faire représenter par un mandataire spécial, dans un délai maximum d'une année à partir du jour du décès du concessionnaire Faute de quoi, leurs droits deviendront caducs en ce qui concerne les parties de la concession non mises en valeur, et celles-ci feront retour au domaine ou à leurs propriétaires, sans qu'aucune prétention à des dommages intérêts puisse être élevée relativement au prix du terraiin ou tout autre.

ARTICLE 52

Les terrains concédés à titre provisoire doivent être mis en valeur dans les délais et aux clauses et conditions fixés par les cahiers des charges annexés au présent arrêté.

ARTICLE 53

Les actes de concesssion provisoire et onéreuse portant sur des terrains supérieurs à 50 hectares sont publiés au «Journal Officiel de l'Indochine». Les autres sont publiés au «Bulletin Administratif de l'Annam».

TITRE V

Mise en valeur et concession définitive

ARTICLE 54

La mise en valeur des terrains est constatée soit d'office aux échéances et dans les conditions prévues au cahier des charges, soit sur la demande du concessionnaire, antérieurement à ces échéances, par une commission de constat qui est la commission provinciale des concessions prévue à l'article 19 du présent arrêté.

Dans aucun cas la première constatation ne portera sur une superficie inférieure au quart de la superficie totale de la concession.

Le concessionnaire ne peut demander la réunion de la commission plus d'une fois par an.

ARTICLE 55

Les opérations de cette commission sont précédées d'une notification faite au concessionnaire qui est tenu à fournir dans un délai de 3 mois suivant la notification, un plan des terrains mis en valeur, et à désigner ses représentants au constat.

Le plan est en quadruple exemplaire et établi conformément aux dispositions de l'article 11 § 5 a). Il est de plus coté.

S'il n'a pas satisfait à ces obligations dans le délai fixé le plan est levé d'office et la constatation de mise en valeur faite par les soins de l'administration qui assure le recouvrement des frais, par un ordre de recette émis conformément aux articles 193 et suivants du décret du 30 décembre 1912 sur le régime financier des colonies.

ARTICLE 56

Les opérations de la commission de constat sont consignées dans un procès-verbal qui est adressé au Résident Supérieur.

Ce procès-verbal doit contenir tous renseignements sur l'état de mise en culture, sur les limites de la partie cultivée, et indiquer les résultats de la vérification des plans fournis par le concessionnaire.

Si le plan fourni donne lieu à des rectifications, celles-ci seront revêtues de l'approbation du concessionnaire provisoire.

Le Chef de province établit un rapport et donne un avis personnel motivé sur l'octroi de la concession définitive.

ARTICLE 57

Lorsque le concessionnaire a satisfait aux conditions de mise en valeur il lui est fait concession définitive, en propriété ou à bail, des terrains qui doivent lui être attribués conformément au cahier des charges.

La concession définitive est accordée par un acte de l'autorité qui a accordé la concession provisoire des terrains, après que le concessionnaire a rempli toutes ses obligations.

ARTICLE 58

Si le concessionnaire n'a pas satisfait aux conditions de mise en valeur, il lui est fait concession définitive des seuls terrains mis en valeur ainsi que des parcelles boisées ou de pâturage reconnues nécessaires à l'exploitation, dans les conditions fixées par l'article 57 ci-dessus

Les autres terrains sont repris par l'administration ou font retour à leurs propriétaires, moyennant la simple restitution du prix payé pour ces terrains, déduction faite d'un dixième qui est retenu à titre de dommages et intérêts. Pour les baux, les loyers payés restent acquis intégralement aux bailleurs, à titre de dommages et intérêts.

Toutefois dans le cas de force majeure, constatée par la commission de constat, qui aurait retardé ou paralysé la mise en valeur, il peut être accordé au concessionnaire, sur sa demande, un dernier délai supplémentaire qui, dans aucun cas n'excèdera la moitié des premiers délais prévus au cahier des charges, et qui sera accordé par l'autorité ayant statué sur la concession des terrains.

ARTICLE 59

A l'expiration de la moitié du temps imparti pour la mise en valeur de la concession, à partir de la date de l'acte de concession provisoire, le concessionnaire doit avoir mis en état de culture ou d'exploitation le quart, au moins, de la surface des terrains provisoirement concédés, et doit demander, pour cette partie, la concession définitive, sous peine d'encourir la déchéance immédiate de la partie de sa concession non encore cultivée ou mise en état d'exploitation.

La commission de constat prévue à l'article 54 donne son avis après examen des lieux, sur l'accomplissement de cette condition.

Le Résident doit notifier dans les deux mois qui suivent l'expiration du délai fixé ci-dessus, la date de la réunion de la commission au concessionnaire qui doit fournir le plan partiel, comme il est prévu à l'article 55, dans les trois mois de la notification, et désigner ses représentants au constat.

S'il ne fournit le plan. il est procédé comme il est spécifié audit article 55, et la commission doit être réunie dans les huit mois qui suivent l'expiration du délai fixé ci-dessus.

En cas de déchéance encourue, l'autorité qui a statué sur la concession provisoire prononce le retour au domaine des parcelles non cultivées, moyennant la restitution du prix déjà payé. déduction faite 1· — d'un dixième qui est retenu à titre de dommages et intérêts; 2· — des frais engagés par l'administration et prévus à l'article 47

En cas de location il n'y a lieu à aucune restitution de loyers.

ARTICLE 60

Tout titre de concession définitive est inscrit sur un registre spécial tenu par le Receveur du Domaine et soumis à la formalité de l'enregistrement, le titre de concession définitive devant être seul transcrit.

Les frais de timbre, d'enregistrement et de tous actes relatifs à la concession sont à la charge du concessionnaire.

TITRE VI

Dispositions spéciales

ARTICLE 61

Les concessions à bail sont accordées suivant les procédures et les formalités indiquées dans les titres précédents et aux mêmes conditions.

Elles sont toujours opérées par adjudication ou par marché de gré à gré et suivant des cahiers des charges conformes aux modèles I et II.

À l'échéance du bail, le concessionnaire peut en obtenir le renouvellement, pour une durée au plus égale, par décision de l'autorité ayant statué sur le premier contrat, et à des conditions au moins égales à celles du premier bail.

En cas de non renouvellement du bail, la concession fait retour à ses propriétaires ou au domaine, en l'état où elle se trouve, moyennant le paiement d'une indemnité égale au quart de la valeur, à dire d'experts, des cultures, du matériel et des bâtiments, non compris la valeur du fonds lui-même.

ARTICLE 62

Les terrains concédés provisoirement sont exempts de l'impôt foncier qui est perçu sur les terrains concédés a titre définitif, selon la règlementation fiscale en vigueur.

ARTICLE 63

Le terrain concédé, même définitivement, est grevé d'un droit de servitude et de passage au profit des propriétés privées et communales qui existent ou pourront exister dans le voisinage, comme il sera dit dans l'acte de concession.

ARTICLE 64

Le présent arrêté est applicable à toutes les demandes de concession actuellement en instance à l'exception de celles ayant déjà fait l'objet d'un contrat approuvé.

Il abroge tous les règlements antérieurs concernant le régime des concessions rurales en Annam.

Hué, le 7 janvier 1928
Le Résident Supérieur en Annam
P. le Résident Supérieur et par délégation :
L'Administrateur directeur des bureaux,
Signé: KERBRAT

N° 446

Vu et approuvé :
La Commission des Concessions entendue
(art. 19 de l'arrêté du 19 Septembre 1926)
Hanoi le 28 janvier 1928
Le Gouverneur Général p. i. de l'Indochine,
Signé : MONGUILLOT

AVIS D'ADJUDICATION

Le public est informé que le................au
Chef-lieu de la province de il
sera mis en adjudication aux enchères publiques

un terrain

— lots

sis à

D'une contenance approximative de

1·
2·
3·
etc....

Dont les limites générales sont :

Au Nord
A l'Est
Au Sud
A l'Ouest

Les demandes d'autorisation de participer à l'adjudication devront être déposées à la Résidence
 Résidence Supérieure
 le ....

avant midi. A cette demande doivent être jointes toutes
les pièces exigées par les articles 11 et 12 de l'arrêté du
7 janvier 1928, pour la demande de concession, sauf le
plan prévu par l'article 11 § 5 a).

Le montant du cautionnement est fixé à la somme
de............. conformément à l'article 37 de l'arrêté du 7 janvier 1928, et devra être versé entre les mains
d'un comptable du Trésor.

La mise à prix à l'hectare est de ....
Le minimum des enchères est égal au montant du
vingtième de la mise à prix.

Mr ....premier demandeur aura le
droit de surenchère du vingtième reconnu par l'article
35 de l'arrêté du 7 janvier 1928.

Nul, en dehors des demandeurs déjà inscrits, ne sera
admis à prendre part aux enchères s'il ne dépose sur
le Bureau de la commission d'adjudication à l'ouverture
de la séance la lettre ou le certificat d'inscription l'autorisant à concourir, et le récépissé du cautionnement.

CAHIER DES CHARGES

Conditions Générales

TITRE I

Procédures de l'adjudication

ARTICLE PREMIER

L'adjudication a lieu aux enchères publiques à l'extinction de trois feux. Les enchères portent sur le prix à l'hectare et ne peuvent être inférieures au vingtième de la mise à prix. En cas d'enchères simultanées, trois feux sont allumés sur l'enchère précédente, pour permettre de nouvelles enchères. Sera déclaré adjudicataire provisoire l'enchérisseur sur l'offre duquel trois bougies auront été allumées et se seront éteintes sans qu'il se soit produit de nouvelle enchère.

La commission dresse procès-verbal de ses opérations et mentionne tous les incidents de l'adjudication au sujet desquels elle fait connaître son avis. Ces incidents sont réglés séance tenante.

ARTICLE 2

Lorsque la faculté de surenchère du vingtième aura été réservée par le cahier des charges au premier demandeur, celui-ci peut l'exercer dans la limite de quinze jours francs, à compter de l'adjudication, en remettant une offre écrite au Président de la Commission d'adjudication. L'offre peut être faite par lettre recommandée ou par télégramme confirmé ultérieurement par lettre recommandée. Toute offre reçue après le délai est nulle.

Le premier demandeur ne pourra user de son droit de surenchère que si le procès-verbal de la séance d'adjudication mentionne qu'il a porté lui-même au moins une enchère et s'il n'a pas retiré le cautionnement versé par lui pour être admis à concourir.

La surenchère du vingtième portée dans les délais utiles par le premier demandeur qualifié ne donne pas lieu à ouverture de nouvelles enchères et le constitue de plein droit adjudicataire provisoire.

ARTICLE 3

Toute personne autre que les demandeurs déjà inscrits désirant participer à une adjudication de terrains domaniaux doit adresser au Résident, pour les concessions d'étendue inférieure ou égale à 300 hectares, au Résident Supérieur pour les terrains plus étendus, une demande d'autorisation à participer à l'adjudication. A cette demande doivent être jointes toutes les pièces requises aux termes des articles 11 et 12 de l'arrêté du 7 Janvier 1928 pour la demande de concession, sauf le plan prévu par l'article 11 § 5 a).

Il est répondu dans le plus bref délai à ces demandes et il est donné indication de la surface maxima pour laquelle l'intéressé est apte à concourir.

Les demandeurs agréés y compris le premier demandeur doivent déposer avant la séance d'adjudication, à la caisse d'un comptable du Trésor, le cautionnement exigé à l'avis d'adjudication.

Nul ne sera admis à prendre part aux enchères, s'il ne dépose sur le bureau de la commission d'adjudication à l'ouverture de la séance, la lettre ou le certificat d'inscription l'autorisant à concourir ainsi que le récépissé de cautionnement ci-dessus indiqué.

Le cautionnement sera restitué aux concurrents évincés sur production d'un certificat délivré séance tenante par le Président de la Commission d'adjudication.

ARTICLE 4

Toute personne participant à l'adjudication pour le compte d'autrui doit en faire la déclaration avant la clôture du procès-verbal.

Elle doit justifier :

1· — d'une procuration dûment légalisée qui est déposée sur le bureau après avoir été certifiée par le mandataire.

2· — de la possession de toutes les pièces qui seraient exigées du mandant lui-même.

ARTICLE 5

Toutes les contestations qui pourront s'élever pendant les opérations de la commission seront jugées séance tenante par la commission, qui décidera à la majorité des voix.

Le procès-verbal de l'adjudication, rédigé sur un registre spécial, constate les résultats de l'opération et en relate toutes les circonstances. Il est signé en séance par l'adjudicataire ou par son mandataire.

Ce procès-verbal et la soumission de l'adjudicataire qui avec le cahier des charges constituent le marché sont transcrits par les soins de l'administration à la suite du cahier des charges. La soumission ainsi transcrite est signée par l'adjudicataire ou par son mandataire.

ARTICLE 6

Le marché tel qu'il est défini par l'article 5 du présent cahier des charges est approuvé par le Résident Supérieur.

ARTICLE 7

Le marché approuvé dans les conditions de l'article 6 sera notifié à l'intéressé et au Résident Chef de province par les soins de l'Administration locale.

La date de l'accusé de réception de ce cahier des charges adressé par le pétitionnaire au Résident Supérieur marquera le point de départ du délai de possession précaire. A partir de cette date, l'adjudicataire ou le bénéficiaire du marché de gré à gré peut prendre possession des terrains.

Toutefois cette possession est précaire et il ne sera déclaré concessionnaire provisoire qu'après intervention de l'arrêté du Chef d'administration locale pour les concessions au-dessous de 1.000 hectares, de l'arrêté du Gouverneur Général ou du Décret pour les concessions de 1.000 hectares et au-dessus qui prononceront la concession provisoire.

Les délais de concession provisoire courent du jour de la publication de l'acte de concession provisoire au " Journal Officiel " de l'Indochine pour les concessions à titre onéreux de plus de 50 hectares et pour les autres, du jour de la remise du titre de concession.

TITRE II

Obligations de l'adjudicataire

ARTICLE 8

Dans les 15 jours de la notification du marché, le bénéficiaire doit en déposer 8 copies sur timbre accompagnées d'un plan des terrains aux Bureaux de la Résidence Supérieure.

ARTICLE 9

L'adjudicataire est tenu de s'acquitter dans l'année qui suit l'attribution des terrains en possession précaire de toutes les obligations spécifiées au présent cahier des charges ou à l'arrêté du 7 janvier 1928, notamment le prix et les frais exposés par l'administration.

ARTICLE 10

S'il remplit la totalité des conditions proprement dites du marché dans le délai prévu, il est fait à l'adjudicataire concession des terrains à titre provisoire (1)

{ en propriété   { arrêté du Résident Supérieur ou du
{ à bail   par { Gouverneur Général ou par décret

La concession à titre définitif n'aura lieu qu'après l'exécution des clauses tant générales que particulières du présent cahier des charges.

ARTICLE 11

Il est interdit aux concessionnaires à titre provisoire dans le cas où ils se constitueraient en société de faire

---

(1) rayer les mentions inutiles

coter en bourses les actions de cette société ou de les soumettre directement ou indirectement à une transaction financière quelconque jusqu'à exécution des obligations de mise en valeur imposées par le présent cahier des charges et obtention de la concession à titre définitif.

ARTICLE 12

Le ou les concessionnaires provisoires ne pourront se substituer une personne ou une société sans l'autorisation expresse de l'autorité concédante et à un prix supérieur au montant des impenses qu'il a engagées.

ARTICLE 13

L'adjudicataire déclare souscrire par avance aux dispositions de la règlementation générale à intervenir ultérieurement en vue de la fixation définitive du régime des concessions rurales dans les divers pays de l'Union Indochinoise. Dans l'hypothèse où il refuserait d'accepter l'application du nouveau régime, il aurait la faculté de demander la résiliation de sa concession. Cette résiliation aura lieu sans indemnité. Toutefois dans le cas où les terrains concédés feraient, après résiliation, l'objet d'une concession à un tiers, les dépenses utiles effectuées par le premier concessionnaire et dont le nouveau concessionnaire pourrait tirer effectivement profit, seraient à la charge de celui-ci.

L'adjudicataire aura six mois à dater de la publication du nouveau régime des concessions pour user de la faculté qui lui est reconnue ci-dessus.

Le montant des dépenses utiles effectuées par lui et dont le nouveau concessionnaire pourrait tirer effectivement profit serait déterminé par la commission fixée par l'article 54 de l'arrêté du 7 janvier 1928.

ARTICLE 14

Sauf dispositions contraires inscrites dans le cahier des charges ou les arrêtés de concession, les concessions de terrains situés hors des centres urbains, comprennent le sol et le sous-sol à l'exception, toutefois, des gisements miniers en place dont l'appropriation demeure réglée par une législation particulière, des sources d'eaux minérales, des haldes et scories provenant du traitement de minerais, des restes fossiles d'animaux ou de végétaux, des ossements et de l'outillage de l'homme préhistorique, des trésors et de tous objets ou constructions visés par la règlementation sur les objets ou monuments historiques.

Sous la même réserve la concession ne comporte aucun droit de propriété sur les cours d'eau et les voies classées ou non, qui traversent ou bordent les terrains définis dans l'acte de concession.

Le concessionnaire sera soumis à toutes les dispositions des actes règlementant les régimes forestier et hydraulique et de la chasse en Annam, et sera tenu d'observer les lois et coutumes concernant le respect des tombeaux, des pagodes et édifices du culte, de quelque nature qu'ils soient.

Les rivages de la mer seront réservés jusqu'à 81 mètres (50) pas géométriques à partir de la limite des plus hautes mers. Toute dérogation à cette dernière clause devra être soumise à l'avis de l'autorité militaire.

Les rives des fleuves et rivières navigables et flottables et les terrains en bordure des voies ferrées seront également réservés sur une largeur de 25 mètres. Les dérogations devront être autorisées par le Résident Supérieur après avis du service des Travaux Publics, ou du Service du Chemin de fer.

De plus l'Administration se réserve le droit d'imposer toutes dispositions qu'elle jugera utiles dans le but de la protection des sites touristiques.

ARTICLE 15

Les terrains concédés provisoirement sont exempts de l'impôt foncier qui sera perçu sur les terrains concédés à titre définitif selon la règlementation fiscale en vigueur.

ARTICLE 16

Les délais maxima à consentir au concessionnaire pour la mise en valeur totale de la concession varient, selon la superficie dans les conditions suivantes :

Trois ans, jusques et y compris 50 hectares
Cinq ans, de 50 à 500 hectares
Dix ans, au-dessus de 500 hectares.

Dans tous les cas, le concessionnaire est tenu à mettre en valeur au moins le quart du terrain concédé dans la moitié du temps imparti pour la mise en valeur totale.

La commission prévue à l'article 54 de l'arrêté du 7 Janvier 1928 aura la plus large faculté d'appréciation pour juger de la mise en valeur. D'une manière générale seront considérées comme mises en valeur toutes parcelles sur lesquelles la commission susdite constatera une culture effective de la terre ou une exploitation selon la destination en vue de laquelle la concession a été accordée, ainsi que toutes cultures ou exploitations nécessitées par cette dernière ou consécutives.

Tant que la concession n'est pas accordée à titre définitif, le concessionnaire ne peut modifier la destination en vue de laquelle la dite concession aura été demandée et accordée, sans autorisation de l'autorité ayant envoyé en concession provisoire.

ARTICLE 17

La concession est faite sous réserve expresse des droits des tiers, aux risques et périls du concessionnaire, et sans garantie d'aucune sorte de l'administration.

L'adjudicataire s'engage à respecter les conditions légales et coutumières d'habitat, de culture et d'exploitation des populations qui seraient fixées sur les terrains concédés ou à proximité.

Il prend en outre l'engagement de reconnaître les dits droits, même s'ils étaient demeurés occultes jusque là ou non précisés au présent cahier des charges, à la condition que l'existence des droits susvisés soit prouvée et fondée.

ARTICLE 18

L'adjudicataire s'engage à prendre toutes dispositions utiles pour appliquer dans son exploitation les règlements en vigueur en Annam sur la protection des travailleurs.

Préalablement à tout emploi de main d'œuvre permanente indigène ou immigrante, le concessionnaire devra faire édifier les constructions nécessaires au logement des ouvriers (dortoirs, cuisines, aménagements d'hygiène etc...) et leur avoir assuré de façon suffisante l'alimentation en eau potable.

ARTICLE 19

La mise en valeur des terrains est constatée soit d'office aux échéances et dans les conditions particulières prévues au présent cahier des charges, soit sur demande du concessionnaire avant même ces échéances, par une commission de constat composée comme il est dit à l'article 19 de l'arrêté du 7 janvier 1928.

Dans aucun cas la première constatation ne portera sur une superficie inférieure au quart de la superficie totale de la concession.

Le concessionnaire ne peut demander la réunion de la commission plus d'une fois par an.

ARTICLE 20

Les opérations de cette commission sont précédées d'une notification faite au concessionnaire qui est tenu à fournir dans un délai de 3 mois suivant la notification un plan des terrains mis en valeur et à désigner ses représentants au constat.

Le plan sera en quadruple exemplaire et établi conformément aux dispositions de l'article II § 5 (a) de l'arrêté du 7 janvier 1928. Il sera de plus coté.

S'il n'a pas satisfait à ces obligations dans le délai fixé, le plan est levé d'office et la constatation de mise en valeur faite par les soins de l'administration qui assure le recouvrement des frais, par un ordre de recette émis conformément aux articles 193 et suivants du décret du 30 décembre 1912 sur le régime financier des Colonies.

ARTICLE 21

Les opérations de la commission de constat sont consignées dans un procès-verbal qui est adressé au Résident Supérieur.

Ce procès-verbal devra porter tous renseignements sur l'état de mise en culture, sur les limites de la partie cultivée et indiquer les résultats de la vérification des plans fournis par le concessionnaire.

Si le plan fourni donne lieu à des rectifications, celles-ci seront revêtues de l'approbation du concessionnaire provisoire.

Le chef de province établira un rapport et donnera un avis personnel motivé sur l'octroi de la concession définitive.

ARTICLE 22

Lorsque le concessionnaire a satisfait aux conditions de mise en valeur, il lui est fait concession définitive en propriété ou à bail, des terrains qui doivent lui être attribués conformément au cahier des charges.

La concession définitive est accordée par un acte de l'autorité qui a statué sur la concession provisoire des terrains, conformément aux stipulations de l'article 57 de l'arrêté du 7 janvier 1928 et du décret du 5 juillet 1927 après que le concessionnaire a rempli toutes ses obligations.

ARTICLE 23

Si le concessionnaire n'a pas satisfait aux conditions de mise en valeur, il lui est fait concession définitive des seuls terrains mis en valeur dans les conditions fixées par l'article 22 ci-dessus.

Les autres terrains sont repris par l'Administration ou font retour à leurs propriétaires, moyennant la simple restitution du prix payé pour ces terrains, déduction faite d'un dixième qui est retenu à titre de dommages et intérêts. Pour les baux, les loyers payés restent acquis intégralement aux bailleurs à titre de dommages et intérêts.

Toutefois, en cas de force majeure constatée par la commission de constat qui aurait retardé ou paralysé la mise en valeur, il pourra être accordé au concessionnaire, sur sa demande, un dernier délai supplémentaire qui ne pourra excéder dans aucun cas la moitié des premiers délais prévus au présent cahier des charges, et qui sera accordé par l'autorité qui a statué sur la concession des terrains.

ARTICLE 24

A l'expiration de la moitié du temps imparti pour la mise en valeur de la concession à partir de la date de l'arrêté de concession provisoire, le concessionnaire sera tenu d'avoir mis en état de culture ou d'exploitation le quart au moins de la surface des terrains qui lui auront été provisoirement concédés et de demander pour cette partie la concession définitive sous peine d'encourir la déchéance immédiate de la partie de sa concession non encore cultivée ou mise en état d'exploitation.

La commission de constat prévue à l'article 19 du présent cahier des charges donne son avis, après examen des lieux sur l'accomplissement de cette condition.

Le Résident est tenu de notifier dans les 2 mois qui suivent l'expiration du délai fixé ci-dessus, la date de la réunion de la commission au concessionnaire qui devra fournir le plan partiel comme il est prévu à l'article 20 dans les trois mois de la notification, et désigner ses représentants au constat.

S'il ne fournit le plan, il est procédé comme il est spécifié à l'article 55 de l'arrêté du 7 janvier 1928 et la commission doit être réunie dans les huit mois qui suivent l'expiration du délai ci-dessus.

En cas de déchéance encourue, l'autorité qui a statué sur la concession provisoire prononce le retour au domaine des parcelles non cultivées, moyennant la restitution du prix déjà payé, déduction faite 1· d'un dixième

qui est retenu à titre de dommages et intérêts ; 2· des frais engagés par l'administration et prévus à l'article 47 de l'arrêté du 7 janvier 1928.

En cas de location, il n'y a lieu à aucune restitution de loyers.

ARTICLE 25

Tout titre de concession définitive est inscrit sur un registre spécial tenu par le Receveur du Domaine et soumis à la formalité de l'enregistrement, le titre de concession définitive devant être seul transcrit.

Les frais de timbre, d'enregistrement et de tous actes relatifs à la concession sont à la charge du concessionnaire.

<u>**Modèle   Nᵒ I**</u>

CONDITIONS PARTICULIÈRES

ARTICLE PREMIER

Est mise aux enchères publiques, au plus offrant et dernier enchérisseur,

la concession { en propriété (1)

{ à bail

d'un   terrain { domanial (1)

{ appartenant à ___________________

ou bien (1)

de........lots, faisant partie du lotissement dont l'adjudication a été annoncée le__________
au Journal officiel de l'Indochine. conformément à l'article 34 de l'arrêté du 7 Janvier 1928

{ domaniaux (1)

{ appartenant à ____________

____

sis à ____________________
et d'une contenance approximative de___________

ARTICLE 2

L'adjudication aura lieu sur la mise à prix de (1)

Terrain domanial {
(.. piastres par hectare
(.. piastres par hectare pour le lot Nᵒ
(.. piastres par hectare pour le lot Nᵒ
(.. etc. . . . .

Terrain à bail {
(.. piastres par hectare et par an
(.. p. par hec. et par an pour le lot Nᵒ
(.. p. par hec. et par an pour le lot Nᵒ
(.. etc . . . .

____

(1) rayer les mentions inutiles.

ARTICLE 3

Le cautionnement est fixé à (1)________________________

Le cautionnement est fixé à (1) (. . piastres pour le lot N·
(. . piastres pour le lot N·
(. . etc . . . . . .

ARTICLE 4

Le montant des frais exposés par l'Administration, tels que frais de cadastrage, d'abornement, d'affichage, etc... est fixé conformément à l'article 17 de l'arrêté du 7 Janvier 1928 et suivant le tarif fixé par l'arrêté du ________

à (1)

$ ________________________

$, ... pour le lot N°. . . . .

$ . . . . . pour le lot N°. . . . .

. . . . . etc. . . . . . .

ARTICLE 5

Le)
Les) terrains adjugés devront être mis en valeur conformément à l'art. 52 de l'arrêté du 7 janvier 1928 dans un délai de. . . . . . années à dater de l'envoi en concession provisoire.

ARTICLE 6

Clauses complémentaires

____

____

____

____

____

Vu pour être annexé à l'arrêté
n° 352 du 9 Février 1928
Hué le 9 Février 1928

Le Résident Supérieur en Annam
Signé : FRIÈS

Approuvé par
Le Résident Supérieur en
Conseil de Protectorat

Le Gouverneur Général en Conseil de
Gouvernement

Le Ministre des Colonies

(1) rayer les mentions inutiles.

PROCÈS-VERBAL D'ADJUDICATION

L'An mil neuf cent   , le   du mois de
à   heures, dans les bureaux de   il a été
procédé à la vente aux enchères publiques, d'un terrain
domanial désigné au cahier des charges qui précède,
sis au village de   , province de
circonscription de   , d'une superficie
de   , sur la mise à prix de
l'hectare :

(1) Des enchères successives ont été portées dont la
dernière a élevé le prix d'adjudication à la somme
de

(1) Aucune surenchère n'ayant été offerte sur le prix
de base et trois feux ayant été allumés successivement
et s'étant éteints sans qu'il ait été fait aucune nouvelle
offre, la Commission a déclaré M.   adjudicataire provisoire du terrain domanial ci-dessus décrit,
pour la somme de   , sous réserve de
l'approbation du présent procès-verbal, et aux clauses
et conditions du cahier des charges que l'adjudicataire
a déclaré bien connaître et auxquelles il s'engage à se
conformer, se réservant la faculté de passer déclaration
d'ami et command, dans les délais réglementaires. Ledit
adjudicataire a élu domicile à   , auquel
domicile toutes les significations relatives à ladite vente
lui seront valablement faites.

    Lu et approuvé :   Les Membres de la Commission,
l'Adjudicataire provisoire,

    Enregistré   Approuvé :
    le   en Conseil privé ou de protectorat
    Folio   , case   le
                    Le Gouverneur ou Résident Supérieur.

(1 Biffer à l'encre rouge celle des deux formules reconnue
applicable.

PROCÈS-VERBAL DE SURENCHÈRE

L'an mil neuf cent   ; le   du mois
de   dans les bureaux de

S'est présenté M.   qui, usant du
privilège de surenchère à lui reconnu par le cahier
des charges qui a précédé l'adjudication d'un terrain
domanial de   , sis à   , a
déclaré par la présente, surenchérir du vingtième du
prix de la dite adjudication.

Le Président de la Commission,

Le membre assesseur,

Le surenchérisseur,

Notifié à l'Adjudicataire

Le

Déclaration de Command

Le

S'est présenté M.   qui, suivant la réserve
par lui faite dans le procès-verbal d'adjudication qui
précède et qui a été tranché en sa faveur, a déclaré
pour son command M.

lequel, ici présent, a déclaré accepter l'adjudication pour
le prix de
comme s'il y avait directement stipulé, se soumettant
à toutes les obligations qui dérivent de cette acceptation
et, notamment, à toutes les conditions énumérées dans
le cahier des charges, et faisant élection de domicile
à

De laquelle déclaration nous lui avons donné acte
et nous avons signé avec lui, l'adjudicataire primitif
et notre secrétaire.

Le Président de la Commission,

Le membre assesseur,

L'Adjudicataire,

Le Command,

CAHIER DES CHARGES

Sous réserve qu'interviendra (1)
un décret
un arrêté du Gouverneur Général en Conseil de Gouvernement
un arrêté du Résident Supérieur en Annam en Conseil de Protectorat

Il est passé entre M . . . .
Résident Supérieur en Annam, représentant du domaine local

Et M . . . . , . . .
un marché de gré à gré relatif à la

concession { en propriété (1)   d'un terrain
           { à bail

sis à . . . .
et appartenant au Domaine Local (1)
et appartenant à . . . .

aux conditions générales et particulières qui suivent.

Conditions Générales

TITRE I

ARTICLE PREMIER

Le marché sera notifié à l'intéressé et au Résident Chef de province par les soins de l'Administration locale.

La date de l'accusé de réception de ce cahier des charges adressé par le pétitionnaire au Résident Supérieur marquera le point de départ du délai de possession.

---

(1) rayer les mentions inutiles.

précaire. A partir de cette date, le bénéficiaire du marché de gré à gré peut prendre possession des terrains.

Toutefois cette possession est précaire et il ne sera déclaré concessionnaire provisoire qu'après intervention de l'acte qui prononce la concession provisoire.

Les délais de concession provisoire courent du jour de la publication de l'acte de concession provisoire au " Journal Officiel " de l'Indochine pour les concessions à titre onéreux de plus de 50 hectares et pour les autres, du jour de la remise du titre de concession.

TITRE II

Obligations du bénéficiaire

ARTICLE 2

Dans les 15 jours de la notification du marché, le bénéficiaire doit en déposer 8 copies sur timbre accompagnées d'un plan des terrains aux Bureaux de la Résidence Supérieure.

ARTICLE 3

Le bénéficiaire est tenu de s'acquitter dans l'année qui suit l'attribution des terrains en possession précaire de toutes les obligations spécifiées au cahier des charges ou à l'arrêté du 7 janvier 1928, notamment le prix et les frais exposés par l'administration.

ARTICLE 4

S'il remplit la totalité des conditions proprement dites du marché dans le délai prévu, il est fait au bénéficiaire du marché de gré à gré concession des terrains à titre provisoire (1)

{ en propriété   { arrêté du Résident Supérieur ou du
{ à bail   par { Gouverneur Général ou par décret

La concession à titre définitif n'aura lieu qu'après l'exécution des clauses tant générales que particulières du présent cahier des charges.

___

(1) rayer les mentions inutiles

ARTICLE 5

Il est interdit aux concessionnaires à titre provisoire dans le cas où ils se constitueraient en société de faire coter en bourse les actions de cette société ou de les soumettre directement ou indirectement à une transaction financière quelconque jusqu'à exécution des obligations de mise en valeur imposées par le présent cahier des charges et obtention de la concession à titre définitif.

ARTICLE 6

Le ou les concessionnaires provisoires ne pourront se substituer une personne ou une société sans l'autorisation expresse de l'autorité concédante et à un prix supérieur au montant des impenses qu'il a engagées.

ARTICLE 7

Le bénéficiaire du marché de gré à gre déclare souscrire par avance aux dispositions de la règlementation générale à intervenir ultérieurement en vue de la fixation définitive du régime des concessions rurales dans les divers pays de l'Union Indochinoise. Dans l'hypothèse où il refuserait d'accepter l'application du nouveau régime, il aurait la faculté de demander la résiliation de sa concession. Cette résiliation aura lieu sans indemnité. Toutefois dans le cas où les terrains concédés feraient, après résiliation, l'objet d'une concession à un tiers, les dépenses utiles effectuées par le premier concessionnaire et dont le nouveau concessionnaire pourrait tirer effectivement profit, seraient à la charge de celui-ci.

L'adjudicataire aura six mois à dater de la publication du nouveau régime des concessions pour user de la faculté qui lui est reconnue ci-dessus.

Le montant des dépenses utiles effectuées par lui et dont le nouveau concessionnaire pourrait tirer effectivement profit serait déterminé par la commission fixée par l'article 54 de l'arrêté du 7 janvier 1928.

ARTICLE 8

Sauf dispositions contraires inscrites dans le cahier des charges ou les arrêtés de concession, les concessions de terrains situés hors des centres urbains, comprennent le sol et le sous-sol à l'exception, toutefois, des gisements miniers en place dont l'appropriation demeure réglée par une législation particulière, des sources d'eaux minérales, des haldes et scories provenant du traitement de minerais, des restes fossiles d'animaux ou de végétaux, des ossements et de l'outillage de l'homme préhistorique, des trésors et de tous objets ou constructions visés par la réglementation sur les objets ou monuments historiques.

Sous la même réserve la concession ne comporte aucun droit de propriété sur les cours d'eau et les voies classées ou non, qui traversent ou bordent les terrains définis dans l'acte de concession.

Le concessionnaire sera soumis à toutes les dispositions des actes réglementant les régimes forestier et hydraulique et de la chasse en Annam, et sera tenu d'observer les lois et coutumes concernant le respect des tombeaux, des pagodes et édifices du culte, de quelque nature qu'ils soient.

Les rivages de la mer seront réservés jusqu'à 81 mètres (50) pas géométriques à partir de la limite des plus hautes mers Toute dérogation à cette dernière clause devra être soumise à l'avis de l'autorité militaire.

Les rives des fleuves et rivières navigables et flottables et les terrains en bordure des voies ferrées seront également réservés sur une largeur de 25 mètres. Les dérogations devront être autorisées par le Résident Supérieur après avis du service des Travaux Publics, ou du Service du Chemin de fer.

De plus l'Administration se réserve le droit d'imposer toutes dispositions qu'elle jugera utiles dans le but de la protection des sites touristiques.

ARTICLE 9

Les terrains concédés provisoirement sont exempts de l'impôt foncier qui sera perçu sur les terrains concédés à titre définitif selon la réglementation fiscale en vigueur.

ARTICLE 10

Les délais maxima à consentir au concessionnaire pour la mise en valeur totale de la concession varient, selon la superficie dans les conditions suivantes :

Trois ans, jusques et y compris 50 hectares
Cinq ans, de 50 à 500 hectares
Dix ans, au-dessus de 500 hectares.

Dans tous les cas, le concessionnaire est tenu à mettre en valeur au moins le quart du terrain concédé dans la moitié du temps imparti pour la mise en valeur totale.

La commission prévue à l'article 54 de l'arrêté du 7 Janvier 1928 aura la plus large faculté d'appréciation pour juger de la mise en valeur. D'une manière générale seront considérées comme mises en valeur toutes parcelles sur lesquelles la commission susdite constatera une culture effective de la terre ou une exploitation selon la destination en vue de laquelle la concession a été accordée, ainsi que toutes cultures ou exploitations nécessitées par cette dernière ou consécutives.

Tant que la concession n'est pas accordée à titre définitif, le concessionnaire ne peut modifier la destination en vue de laquelle la dite concession aura été demandée et accordée, sans autorisation de l'autorité ayant envoyé en concession provisoire.

ARTICLE 11

La concession est faite sous réserve expresse des droits des tiers, aux risques et périls du concessionnaire, et sans garantie d'aucune sorte de l'administration.

Le bénéficiaire du marché de gré à gré s'engage à respecter les conditions légales et coutumières d'habitat, de culture et d'exploitation des populations qui seraient fixées sur les terrains concédés ou à proximité.

Il prend en outre l'engagement de reconnaître les dits droits, même s'ils étaient demeurés occultes jusque là ou non précisés au présent cahier des charges, à la condition que l'existence des droits susvisés soit prouvée et fondée.

ARTICLE 12

Le bénéficiaire du marché de gré à gré s'engage à prendre toutes dispositions utiles pour appliquer dans son exploitation les règlements en vigueur en Annam sur la protection des travailleurs.

Préalablement à tout emploi de main d'œuvre permanente indigène ou immigrante, le concessionnaire devra faire édifier les constructions nécessaires au logement des ouvriers (dortoirs, cuisines, aménagements d'hygiène etc...) et leur avoir assuré de façon suffisante l'alimentation en eau potable.

ARTICLE 13

La mise en valeur des terrains est constatée soit d'office aux échéances et dans les conditions particulières prévues au présent cahier des charges, soit sur demande du concessionnaire avant même ces échéances, par une commission de constat composée comme il est dit à l'article 19 de l'arrêté du 7 janvier 1928.

Dans aucun cas la première constatation ne portera sur une superficie inférieure au quart de la superficie totale de la concession.

Le concessionnaire ne peut demander la réunion de la commission plus d'une fois par an.

ARTICLE 14

Les opérations de cette commission sont précédées d'une notification faite au concessionnaire qui est tenu à fournir dans un délai de 3 mois suivant la notification un plan des terrains mis en valeur et à désigner ses représentants au constat.

Le plan sera en quadruple exemplaire et établi conformément aux dispositions de l'article II § 5 (a) de l'arrêté du 7 janvier 1928. Il sera de plus coté.

S'il n'a pas satisfait à ces obligations dans le délai fixé, le plan est levé d'office et la constatation de mise en valeur faite par les soins de l'administration qui assure le recouvrement des frais, par un ordre de recette émis conformément aux articles 193 et suivants du décret du 30 décembre 1912 sur le régime financier des Colonies.

ARTICLE 15

Les opérations de la commission de constat sont consignées dans un procès-verbal qui est adressé au Résident Supérieur.

Ce procès-verbal devra porter tous renseignements sur l'état de mise en culture, sur les limites de la partie cultivée et indiquer les résultats de la vérification des plans fournis par le concessionnaire.

Si le plan fourni donne lieu à des rectifications, celles-ci seront revêtues de l'approbation du concessionnaire provisoire.

Le chef de province établira un rapport et donnera un avis personnel motivé sur l'octroi de la concession définitive.

ARTICLE 16

Lorsque le concessionnaire a satisfait aux conditions de mise en valeur, il lui est fait concession définitive en propriété ou à bail, des terrains qui doivent lui être attribués conformément au cahier des charges.

La concession définitive est accordée par un acte de l'autorité qui a statué sur la concession provisoire des terrains, conformément aux stipulations de l'article 57 de l'arrêté du 7 janvier 1928 et du décret du 5 juillet 1927 après que le concessionnaire a rempli toutes ses obligations.

ARTICLE 17

Si le concessionnaire n'a pas satisfait aux conditions de mise en valeur, il lui est fait concession définitive des seuls terrains mis en valeur dans les conditions fixées par l'article 16 ci-dessus.

Les autres terrains sont repris par l'Administration ou font retour à leurs propriétaires, moyennant la simple restitution du prix payé pour ces terrains, déduction faite d'un dixième qui est retenu à titre de dommages et intérêts. Pour les baux, les loyers payés restent acquis intégralement aux bailleurs à titre de dommages et intérêts.

Toutefois, en cas de force majeure constatée par la commission de constat qui aurait retardé ou paralysé la mise en valeur, il pourra être accordé au concessionnaire, sur sa demande, un dernier délai supplémentaire qui ne pourra excéder dans aucun cas la moitié des premiers délais prévus au présent cahier des charges, et qui sera accordé par l'autorité qui a statué sur la concession des terrains.

ARTICLE 18

A l'expiration de la moitié du temps imparti pour la mise en valeur de la concession à partir de la date de l'arrêté de concession provisoire, le concessionnaire sera tenu d'avoir mis en état de culture ou d'exploitation le quart au moins de la surface des terrains qui lui auront été provisoirement concédés et de demander pour cette partie la concession définitive sous peine d'encourir la déchéance immédiate de la partie de sa concession non encore cultivée ou mise en état d'exploitation.

La commission de constat prévue à l'article 13 donne son avis, après examen des lieux sur l'accomplissement de cette condition.

Le Résident est tenu de notifier dans les 2 mois qui suivent l'expiration du délai fixé ci-dessus, la date de la réunion de la commission au concessionnaire qui devra fournir le plan partiel comme il est prévu à l'article 14 du cahier des charges, dans les trois mois de la notification, et désigner ses représentants au constat.

S'il ne fournit le plan, il est procédé comme il est spécifié à l'article 55 de l'arrêté du 7 janvier 1928 et la commission doit être réunie dans les huit mois qui suivent l'expiration du délai ci-dessus.

En cas de déchéance encourue, l'autorité qui a statué sur la concession provisoire prononce le retour au domaine des parcelles non cultivées, moyennant la restitution du prix déjà payé, déduction faite 1· d'un dixième qui est retenu à titre de dommages et intérêts ; 2· des frais engagés par l'administration et prévus à l'article 47 de l'arrêté du 7 janvier 1928.

En cas de location, il n'y a lieu à aucune restitution de loyers.

ARTICLE 19

Tout titre de concession définitive est inscrit sur un registre spécial tenu par le Receveur du Domaine et soumis à la formalité de l'enregistrement, le titre de concession définitive devant être seul transcrit.

Les frais de timbre, d'enregistrement et de tous actes relatifs à la concession sont à la charge du concessionnaire.

CONDITIONS PARTICULIÈRES

ARTICLE PREMIER

Le marché de gré à gré est relatif à un terrain sis
à . . . . d'une contenance
approximative de . . . .

ARTICLE 2

Le prix est fixé à (1). . . . . l'hectare
Le prix est fixé à $ . . . . par an l'hectare

ARTICLE 3

Le montant des frais exposés par l'administration tels
que frais de cadastrage, d'abornement, d'affichage etc…
est fixé conformément à l'article 47 de l'arrêté du 7
janvier 1928 et suivant le tarif fixé à l'arrêté du . . . . .
à $ . . . .

ARTICLE 4

Le terrain devra être mis en valeur conformément
à l'article 52 de l'arrêté du 7 janvier 1928 dans un
délai de . . . . années à dater de l'envoi en
concession provisoire.

ARTICLE 5

Clauses complémentaires

Approuvé par

Le Résident Supérieur en Conseil de Protectorat

Le Gouverneur Général en Conseil de Gouvernement

Le Ministre des Colonies

Vu pour être annexé à l'arrêté n° 352
du 9 Février 1928
Hué le 9 Février 1928

Le Résident Supérieur en Annam,

Signé : FRIÈS

---

(1) rayer les mentions inutiles.